AF465710

LA PAIX

CONSIDÉRÉE

DANS SES RÉSULTATS PRÉSENTS ET FUTURS

Par un Suédois,

M. C. DE V.

PARIS,

H. DUMINERAY, LIBRAIRE-ÉDITEUR,

RUE RICHELIEU, 52.

1856.

Paris. — Imprimerie de L. MARTINET, rue Mignon, 2.

LA PAIX

CONSIDÉRÉE

DANS SES RÉSULTATS PRÉSENTS ET FUTURS

> Soyons prêts à mourir généreusement dans ce combat,
> et ne faisons point ce tort à notre honneur de fuir.
> (II, *Mach.*, VII, 2; I, *Mach.*, IX, 10.)

La Russie accepte les propositions du comte Esterhazy !...

Quand cette grande nouvelle se répandit dans Paris, on eût dit qu'une partie de la population venait d'être frappée de vertige, car elle s'abandonnait sans réserve à la plus folle joie, courant à la Bourse acheter toutes les actions disponibles, et occasionnant par là une hausse inespérée ; illuminant le soir, et célébrant le lendemain dans ses journaux les bienfaits d'une paix qu'elle considérait comme définitivement assurée.

Cependant un des journaux les plus répandus, et qui représente à lui seul une notable partie de la population, s'abstenait de manifester une allégresse qui lui semblait peut-être prématurée autant que peu digne d'un grand peuple.

L'acceptation pure et simple des propositions de l'Autriche est certainement un grand pas vers cette paix que tout le monde désire, mais qui, pour être à la fois durable et fructueuse, doit être basée sur des conditions de justice sans lesquelles il n'est point de garanties sérieuses pour l'Europe.

Quelles sont ces conditions? C'est ce que je me propose d'examiner avec toute l'impartialité que ma position personnelle me permet d'apporter dans une question d'une si haute importance.

Habitant la presqu'île scandinave et dans le voisinage immédiat de la Russie, j'ai eu peut-être plus d'occasion que bien d'autres d'étudier son histoire et de sonder ce que sa politique séculaire a de menaçant pour le repos de l'Europe.

Le spectacle inattendu que Paris m'offrait ces jours passés m'a donc rempli de tristesse et de douleur. Un peuple aussi grand, aussi généreux, aussi noble que le peuple français, pouvait-il se lasser si vite d'une guerre dont les résultats glorieux promettaient une ère de justice et de bonheur à l'Europe entière?

On croirait presque, si on le jugeait superficiellement, que ce peuple a changé de caractère; que le règne de Louis-Philippe, qui favorisait uniquement les intérêts matériels, a corrompu les masses, et qu'il a perdu l'intelligence de ses grandes destinées.

Le testament de Pierre, surnommé le Grand, se présentait alors involontairement à mon esprit, et me rappelait que le fondateur de la puissance russe bâtissait précisément ses plans ambitieux sur la corruption des mœurs à peu près générale parmi les peuples de l'Occident; cette corruption ayant pour conséquence inévitable, une incapacité absolue de soutenir une épreuve de quelque durée; il connaissait d'ailleurs leur légèreté proverbiale. Ces peuples, à ce qu'il croyait, ne s'occupant que des intérêts du moment, et prenant pour devise égoïste ces mots bien connus: « après nous le déluge, » étaient peu propres à contrarier ses vastes projets.

Cependant, malgré cette légèreté qui est particulière au peuple français, il faut avouer qu'il suffit d'exciter sa défiance par un manque de bonne foi, ou de faire appel à sa générosité pour l'arracher aussitôt à son insouciante légèreté.

Les nations opprimées se tournent toujours vers la France,

car elles savent que le peuple français a toujours donné le premier le signal de la délivrance, et qu'encore aujourd'hui il marche à la tête du progrès. On peut donc être assuré que si la masse du peuple français désire la paix, elle veut une bonne et honorable paix qui ait des chances de durée. On ne saurait non plus douter que la France et l'Angleterre, dirigées par les hommes les plus éminents, ne se sont pas réservé le cinquième point uniquement pour la forme, mais par suite d'une volonté ferme et arrêtée de rétablir l'équilibre européen.

Comme puissance chrétienne, on pourrait même dire comme peuple élu de Dieu pour accomplir ses desseins, la France a de grands devoirs à remplir dont elle ne doit pas s'écarter ; autrement elle risquerait d'être punie sévèrement de son manque de foi dans sa glorieuse destinée, et pour avoir refusé d'accomplir la mission dont la divine Providence l'a chargée, mission dont elle a cependant la conscience intime.

La France ne doit donc pas, elle ne peut pas s'abandonner à un repos qui serait fatal à sa gloire et compromettrait pour toujours le bonheur de l'Europe. Elle doit combattre l'esprit du mal, la barbarie, l'oppression, avec une persévérance indomptable; autrement elle descendrait du rang élevé qu'elle occupe dans le monde, humiliation qu'elle se serait attirée par sa faiblesse, et peut-être aussi pour avoir préféré jouir tranquillement de sa position actuelle.

Si la France représente l'esprit du bien, le progrès, la civilisation, les czars de Russie, par contre, se sont toujours mis au service du mal : l'injustice, la rapine, l'astuce, ont contribué à leur prospérité. La Russie des czars représente si bien l'esprit des ténèbres, que sa grandeur et sa puissance lui doivent leur origine, et elle ne pourrait même pas se soutenir sans son appui.

Quand on s'est bien pénétré de l'esprit de la politique russe, on ne peut que sourire de pitié en lisant les articles de certains journaux favorables à la Russie, ainsi que les notes diplomatiques qui parlent des intentions pacifiques d'Alexandre II, des améliorations qu'il veut introduire dans ses États, et de son projet de civiliser son peuple.

Le jour même où je lisais la note du comte Nesselrode sur la future civilisation dont le czar se propose de doter la Russie, afin d'arracher à la barbarie les peuples de son vaste empire, ainsi que l'assurance qu'il renonce à jamais à ses projets ambitieux, il m'est arrivé de feuilleter l'*Histoire du consulat et de l'empire*, par M. Thiers, et j'y ai trouvé page 333, tome IX, absolument le même langage tenu par Alexandre Ier lors de son entrevue avec l'empereur Napoléon à Erfurt : « *Je veux civiliser mon empire bien plus que l'agrandir*, » disait-il, et cela précisément au moment où il attaquait son parent et ancien allié le roi de Suède pour lui arracher la Finlande, et quand il proposait à Napoléon Ier le démembrement de la Turquie.

Les leçons de l'histoire doivent-elles donc être constamment perdues pour nous ?

On me dira peut-être : Nous devinons où vous voulez arriver... Vous voulez proclamer de nouvelles croisades, rendre la guerre générale, interminable... Vous êtes un révolutionnaire, un fanatique...

Pardon, messieurs, je ne suis et ne fus jamais révolutionnaire, et encore moins un fanatique ; mais il me semble que comme nous sommes tous chrétiens, qu'il y a déjà plus de dix-huit cents ans que Jésus-Christ, notre maître et précepteur, est venu dans ce monde, il est bien temps, dis-je, que nous agissions tant soit peu dans son esprit..., soyons donc ses disciples, non-seulement en paroles, mais aussi en actions. Il est temps que le mot « diplomatie » cesse d'être synonyme de mensonge, que notre politique cesse d'être machiavélique et égoïste, mais qu'elle devienne franche et juste. Une telle politique serait infiniment plus conforme à l'esprit du christianisme, et, selon moi, seule propre à régler les affaires de ce monde de la manière la plus convenable.

M. Thiers, que l'on pourrait plutôt accuser de voltairianisme que de fanatisme, est forcé cependant de convenir de l'existence d'un Être invisible qui surveille toutes nos actions, et punit souvent même en cette vie les injustices dont nous nous rendons coupables.

Il s'exprime ainsi dans le tome IX de son *Histoire du Consulat et de l'Empire*, page 242 :

« Les esprits pieux dans tous les siècles ont cru qu'au delà de » cette vie il y avait une rémunération du bien et du mal, et les » sages ont regardé cette croyance comme conforme aux des- » seins généraux des choses. Mais il y a une remarque que les » observateurs profonds ont tous faite aussi ; c'est que pendant » cette vie même il y avait déjà dans les événements une certaine » rémunération du bien et du mal. Manquer au bon sens, à la » justice, rencontre bientôt ici bas un juste et premier châti- » ment. Dieu, sans doute, se réserve de compléter ailleurs le » compte ouvert aux maîtres des empires, comme au plus humble » gardien de troupeaux. »

Une politique juste et chrétienne ne saurait être une politique révolutionnaire, selon l'acception ordinaire de ce mot, synonyme à peu près de bouleversement, anarchie, désordre, tandis que la nôtre est basée sur l'équité et le progrès. D'ailleurs, en prenant pour guide les paroles de notre Sauveur, nous ne saurions errer ; ne nous a-t-il pas ordonné de le servir *en esprit et en vérité?* Rappelons-nous aussi qu'il est écrit que c'est « *par ses fruits que l'on reconnaît l'arbre* ». Qu'on ne nous demande donc pas des paroles hypocrites, mais des actions et des faits. La politique d'un État chrétien cesserait d'être conservatrice et deviendrait révolutionnaire si elle se montrait indifférente aux souffrances d'un peuple ami. Chaque fois que la France a voulu faire de la politique antichrétienne, celle, par exemple, de la paix à tout prix, qu'elle exprimait par cette devise toute païenne : *Le sang de la France n'appartient qu'à la France*, elle a perdu une portion de son influence et de sa force.

La révolution de 1789 a été un fléau, mais aussi une crise nécessaire pour détruire les abus qui s'étaient glissés dans le gouvernement de l'ancienne royauté, abus dont la destruction s'est opérée aux applaudissements de tous les peuples de l'Univers. Elle a été comme un ouragan, terrible dans son passage, mais bienfaisante dans ses résultats. Cependant elle aurait pu s'accomplir sans verser inutilement tant de sang innocent; mais emportée par un esprit antichrétien, elle n'a compris qu'une partie de sa mission et par ses fureurs elle a servi de prétexte et donné des armes à ceux qui avaient intérêt à combattre ses glorieux résultats. Le gouvernement révolutionnaire ne pouvait durer longtemps, car il marchait dans une fausse voie.

Le retour des Bourbons en 1815, l'avénement de Louis-Philippe en 1830 et la proclamation de la République en 1848, semblaient pourtant avoir fondé des gouvernements de longue durée, mais aucun d'eux n'ayant compris la mission du peuple français, la vie s'est retirée d'eux, et aujourd'hui ce sont des événements tombés dans le domaine de l'histoire.

Entièrement soumis à la politique russe, sur laquelle ils s'appuyaient, les Bourbons de la branche aînée tenaient à honneur de faire partie de l'alliance appelée sainte, comme par ironie.

Le gouvernement de Louis-Philippe disait, après la prise de la capitale de la Pologne, en 1831 : « l'ordre règne à Varsovie, » ensuite il consentait à la confiscation de Cracovie. Et d'ailleurs, il faut le dire, sa politique en général était si peu française, si essentiellement rétrograde, que l'on s'étonne justement que son règne ait pu durer dix-huit ans.

Après la lecture du manifeste de M. de Lamartine, on pouvait facilement prédire la courte durée de la République de 1848. Puisqu'on voulait de fait respecter les traités de 1815 et suivre la politique de la sainte alliance, il ne valait pas la peine de faire une révolution. La République de 1848 ne fut que la continuation du règne de Louis-Philippe. On a beaucoup parlé et discuté sous cette République sans aucun résultat utile pour l'humanité, et les choses au dehors comme à l'intérieur n'en allaient pas mieux, car c'était toujours le même système égoïste de la paix à tout prix; la même devise gouvernementale de *chacun chez soi, chacun pour soi*. Le peuple français sentait si bien le rôle avilissant qu'on lui imposait, qu'il s'est jeté dans les bras de Napoléon III, parce qu'il représentait à ses yeux les idées grandes et généreuses de son oncle, idées véritablement chrétiennes et toutes françaises.

Ce fut donc la politique de Napoléon Ier qui me paraît s'être approchée le plus de celle que l'on peut qualifier à bon droit de politique chrétienne; et cependant, lui aussi a été renversé du pouvoir ? — C'est très vrai; mais il n'est pas tombé sous la réprobation de la France : au contraire, elle approuvait cette politique grande et honorable, et il fallut les efforts combinés de l'Europe entière pour jeter à bas le colosse ; il a abdiqué sous la pression d'un million de soldats étrangers.

Cependant, Napoléon Ier n'a pas toujours été exempt de blâme, et sa plus grande faute à mes yeux fut la non-reconstitution de la Pologne lorsqu'il le pouvait. La campagne de 1812 aurait alors été superflue, ou aurait eu un tout autre résultat.

La position de Napoléon Ier était du reste excessivement difficile, et la nécessité dans laquelle il se trouvait de combattre à la fois toute l'Europe soudoyée par l'Angleterre le forçait à une alliance contre nature avec la Russie, alliance conclue à Tilsitt le 8 juillet 1807, fondée, comme dit M. Thiers, page 675, tome VII, « sur un seul et faux principe, entente de deux ambitions, russe » et française, pour se permettre tout dans le monde, entente » funeste, car il importait à la France de ne pas tout permettre à la Russie. »

Napoléon Ier n'a cependant jamais considéré l'alliance russe comme une alliance naturelle pour la France ; il ne se repentit point d'avoir entrepris la campagne de 1812; il disait seulement qu'il aurait dû faire cette guerre trois ans plus tard, après la pacification de l'Espagne ; au contraire, il a nommé cette guerre *une guerre de bon sens et des vrais intérêts, celle du repos et de la sûreté de tous* (*Mémorial de Sainte-Hélène*, t. VII, p. 90). C'est en lisant ce mémorial que l'on peut juger de la hauteur d'esprit et de la supériorité des vues de Napoléon, ainsi que des idées véritablement chrétiennes dont il était animé. M. de Las

*

Cases nous a transmis religieusement les paroles et les pensées du grand empereur. Son jugement sur les hommes et les choses est formulé avec une entière franchise et sans arrière-pensées.

J'ai cru devoir extraire de ce mémorial les passages qui ont des rapports avec la situation actuelle de l'Europe, et j'espère qu'ils seront lus avec cette attention que méritent des opinions du plus grand homme de notre siècle.

Tome I, *page* 389 (Comte de Las Cases, *Mémorial de Sainte-Hélène*).

« L'empereur croyait encore aux armées de Gengiskan et de Tamerlan,
» quelque nombreuses qu'on les ait pu peindre, parce qu'ils traînaient à
» leur suite des peuplades nomades entières qui se grossissaient encore
» d'autres peuples dans leur route; et il ne serait pas impossible, disait
» l'empereur, que l'Europe finît un jour de cette manière. La révolution
» opérée par les Huns, et dont on ignore la cause, peut se renouveler. La
» Russie est admirablement bien située pour amener une telle catastrophe;
» elle peut aller puiser à son gré d'innombrables auxiliaires et les dé-
» verser sur nous; elle trouvera tous ces peuples errants d'autant mieux
» disposés, d'autant plus impatients, que le récit et les succès de ceux des
» leurs qui dernièrement ont exécuté chez nous des courses si heureuses
» et si productives, auront frappé leur imagination et excité leur avidité. »

Page 412.

L'empereur Alexandre, depuis la chute de Napoléon, a montré dans plusieurs circonstances particulières un éloignement vif et décidé contre lui. C'est Alexandre qui, en 1815, a été l'âme et le promoteur ardent de la seconde croisade contre Napoléon; il a tout dirigé avec la dernière chaleur, etc., etc.

Tome II, *page* 407.

« Pour l'empereur de Russie, il a de l'esprit, de la grâce, etc.; mais on
» doit s'en défier; il est sans franchise, c'est un vrai Grec du Bas-Empire...
» Il est fin, faux, adroit; il peut aller loin. Si je meurs ici, ce sera mon
» véritable héritier en Europe. Moi seul pouvais l'arrêter, se présentant
» avec son déluge de Tartares. La crise est grande et permanente pour le
» continent européen, *surtout* pour *Constantinople*, etc. »

TOME III, *page* 71.

« Les idées libérales vivent dans la Grande-Bretagne, elles éclairent » l'Amérique, elles sont naturalisées en France, voilà le trépied d'où jail- » lira la lumière du monde ! Elles le régiront ; elles seront la fin, la reli- » gion, la morale de tous les peuples, et cette ère mémorable se ratta- » chera, quoi qu'on ait voulu dire, à ma personne ; parce que, après tout, » j'ai fait briller le flambeau, consacré les principes, et qu'aujourd'hui la » persécution achève de m'en rendre le messie. Amis et ennemis, tous » m'en disent le premier soldat, le grand représentant. Aussi, même » quand je ne serai plus, je demeurerai encore pour les peuples l'étoile. »

Page 116 (*Conversations avec le colonel anglais Wilks*) :

« Vous avez perdu l'Amérique par l'affranchissement, vous perdrez » l'Inde par l'invasion. La première perte était toute naturelle. Quand les » enfants deviennent grands, ils font bande à part ; mais pour les Indous, » ils ne grandissent pas, ils demeurent toujours enfants ; aussi la catas- » trophe ne viendra que du dehors. »

Page 118 :

« L'Angleterre et la France ont tenu dans leurs mains le sort de la » terre, celui surtout de la civilisation européenne. Que de mal nous nous » sommes fait ! Que de bien nous pouvions faire ! Avec l'école de Pitt nous » avons désolé le monde. Avec l'école de Fox nous nous serions entendus, » nous eussions accompli, maintenu l'émancipation des peuples, le règne » des principes ; il n'y eût eu en Europe qu'une seule flotte, une seule ar- » mée ; nous aurions gouverné le monde, nous aurions fixé chez tous le » repos et la prospérité, ou par la force ou par la persuasion.

« *Oui, encore une fois, que de mal nous avons fait, que de bien nous pou-* » *vions faire !* »

Page 155 (*sur la guerre de Russie*) :

« L'entreprise était populaire, la cause était européenne ; c'était le » dernier effort qui restait à faire à la France ; ses destinées, celle du nou- » veau système européen, étaient au bout de la lutte... *La paix du globe* » *était en Russie.* »

TOME IV, *page* 209 :

L'Empereur a terminé cette conversation en envoyant mon fils cher-

cher l'Évangile, et le prenant au commencement, il ne s'est arrêté qu'après le discours de Jésus sur la montagne. Il se disait ravi, extasié, de la pureté, du sublime et de la beauté d'une telle morale, et nous tous l'étions de même.

Page 257 :

« Le système colonial que nous avons vu est fini pour nous ; il l'est pour » tout le continent de l'Europe ; nous devons y renoncer, et nous rabattre » désormais sur *la libre navigation des mers et l'entière liberté d'un* » *échange universel.* »

TOME V, *page* 90 :

« Toutefois, après mon mariage surtout, l'idée dominante avait été de » faire de l'Illyrie, pour l'Autriche, le gage et l'indemnité de la Gallicie, » lors du *rétablissement à tout prix de la Pologne* en couronne séparée, » indépendante, et il m'importait peu sur quelle tête amie, ennemie, » alliée, pourvu que cela fût, le reste m'était égal. Mon cher, j'ai eu des » vastes projets et en grand nombre, tous assurément bien *dans l'intérêt* » *de la raison et du bien-être de l'espèce humaine, etc.* »

TOME VI, *page* 22 (*sur la guerre de* 1812) :

« ..... Et pourtant quel malheur pour la France, pour l'Europe ! La » paix de Moscou accomplissait et terminait mes expéditions de guerre. » *C'était pour la grande cause la fin des hasards et le commencement de* » *la sécurité.* Un nouvel horizon, de nouveaux travaux, allaient se » dérouler tout pleins du bien-être et de la prospérité de tous. Le système » européen se trouvait fondé ; il n'était plus question que de l'organiser.... » *La cause du siècle était gagnée, la révolution accomplie;* il ne s'agissait » plus que de la raccommoder avec ce qu'elle n'avait pas détruit, etc. »

Page 79 :

« L'Europe pleurera bientôt la perte de l'équilibre auquel mon Empire » français était absolument nécessaire. Elle est dans le plus grand danger ; » elle peut être à chaque instant inondée des Cosaques et des Tartares ; et » vous, Anglais, vous pleurerez votre victoire de Waterloo, etc. »

Page 112 :

« Il ne croyait pas l'Autriche capable de vouloir l'abattre tout à fait, » lui, Napoléon, et livrer par là leur propre pays à la merci de la *toute-* » *puissance non contrôlée de la Russie*, etc. »

Page 119, *campagne de Saxe* (1813) :

Quatre juin. Armistice de Plesvitz, si décisive dans la cause de nos malheurs. Ce fatal armistice ne fut avantageux qu'à nos ennemis, et ne servit qu'à organiser leur triomphe et notre destruction..... *Page* 120 : L'Empereur a bien reconnu par l'événement toutes les fautes de cet *armistice*, et qu'il eût mieux fait de *pousser* obstinément *en avant*, car la guerre se portait en Pologne, aux portes de Dantzick, au milieu d'un peuple tout prêt à s'insurger en masse. Les alliés se seraient infailliblement exécutés et auraient conclu, etc.

Page 123 (*congrès de Prague*) :

Les Russes surtout s'y firent remarquer par un manque d'urbanité qui ne leur était pas habituel. Ce n'étaient plus ces Russes sollicitant antérieurement une armistice après les déroutes de Lutzen, Wurchen, Bautzen ; c'étaient les Russes se regardant désormais, et déjà devenus en effet, *par l'esprit de leur diplomatie, l'aveuglement de leurs coassociés*, leur position géographique, enfin par la force des choses, *les dictateurs de l'Europe.* Qui Alexandre envoie-t-il pour traiter ? Précisément quelqu'un qui, par ses circonstances personnelles, et d'après les lois françaises, ne pouvait y paraître, un homme né Français. Certes, il était difficile de faire un outrage plus personnel, plus direct, etc.

Page 194 :

« Qu'aurait de mieux à faire l'Angleterre aujourd'hui que de donner la » main à ces beaux mouvements de la régénération moderne ? Aussi bien, » *faudra-t-il tôt ou tard qu'elle s'accomplisse*... C'est en vain que les souve- » rains et *les vieilles aristocraties* multiplieraient leurs efforts pour s'y op- » poser : c'est la roche de Sisyphe qu'ils tiennent élevée au-dessus de leurs » têtes ; mais quelques bras se lasseront, et, au premier défaut, tout leur » croulera dessus. *Ne vaudrait-il pas mieux traiter à l'amiable ?* C'était là » mon grand projet.

» Pourquoi l'Angleterre se refuserait-elle à en avoir la gloire et en re- » cueillir le profit ? Tout passe en Angleterre comme ailleurs : le ministère » Castlereagh passera, et celui qui lui succédera, héritier de tant de fautes, » deviendra grand s'il veut seulement ne pas les continuer. Tout son génie » peut se borner uniquement à laisser faire et obéir aux vents qui souf- » flent ; au rebours de Castlereagh, il n'a qu'*à se mettre à la tête des idées* » *libérales au lieu de se liguer avec le pouvoir absolu, et il en recueillera* » *les bénédictions universelles, et tous les torts de l'Angleterre seront ou-* » *bliés, etc.* »

Page 417 :

« De là, il est passé à l'aveuglement de la politique de l'Autriche, il a peint sa position *fausse et dangereuse* : « Elle se trouvait, disait-il, dans » un péril des plus imminents, *se laissant complaisamment embrasser en* » *front par un colosse*, quand elle n'avait pas à reculer d'un pas, car sur » ses derrières et sur son flanc elle n'avait que des abîmes, etc. »

Tome VII, *page* 90 (*sur la guerre de Russie*) :

« Cette guerre eût dû être *la plus populaire des temps modernes*, c'était » celle du *bon sens* et des vrais intérêts, celle du *repos* et de *la sécurité* de » tous ; elle était purement *pacifique* et *conservatrice*, tout à fait *européenne* » et continentale. Son succès allait consacrer *une balance*, des combinai- » sons nouvelles qui eussent fait disparaître *les périls du temps* pour les » remplacer par un *avenir tranquille*, et l'ambition n'entrait pour rien » dans mes vues. En relevant la Pologne, *cette véritable clef de toute la* » *voûte*, j'accordais que ce fût un roi de Prusse, un archiduc d'Autriche » ou tout autre qui en occupât le trône ; je ne prétendais rien acquérir, je » ne me réservais que la gloire du bien, les bénédictions de l'avenir, etc. »

Page 207 :

« L'empereur s'est arrêté spécialement sur l'Asie, la situation politique de la Russie, la facilité avec laquelle elle pourrait faire une entreprise sur l'Inde et même sur la Chine, les inquiétudes qu'en devraient concevoir les Anglais, le nombre des troupes que la Russie devrait employer, leur point du départ, la route qu'elles auraient à suivre, les richesses métalliques qu'elles en rapporteraient, etc., et il a donné sur la plupart de ces points des détails bien précieux, etc. »

L'empereur a passé de là à ce qu'il appelait la situation admirable de la Russie contre le reste de l'Europe, à l'immensité de sa masse d'invasion. Il peignait cette puissance assise sous le pôle, adossée à des glaces éternelles, qui, au besoin, la rendaient inabordable ; elle n'était attaquable, disait-il, que trois ou quatre mois ou un quart de l'année, tandis qu'elle avait toute l'année entière ou les douze mois contre nous ; elle n'offrait aux assaillants que les rigueurs, les souffrances, les privations d'un sol désert, d'une nature morte ou engourdie, tandis que ses peuples ne se lançaient qu'avec attrait vers les délices de notre midi. Outre ces circonstances physiques, ajoutait l'empereur, à sa nombreuse population sédentaire, brave, endurcie, dévouée, passive, se joignaient d'immenses peuplades, dont le dénûment et le vagabondage sont l'état naturel. « On ne peut

» s'empêcher *de frémir*, disait-il, *à l'idée d'une telle masse*, qu'on ne saurait » attaquer, ni par les côtés, ni sur les derrières, qui déborde impunément » sur vous, inondant tout, si elle triomphe, ou se retirant au milieu des » glaces, au sein de la désolation de la mort, devenues ses réserves, si elle » elle est défaite, le tout avec la facilité de reparaître si le cas le requiert : » n'est-ce pas là la tête de l'hydre, l'Antée de la fable, dont on ne saurait » venir à bout qu'en le saisissant au corps et l'étouffant dans ses bras ; mais » où trouver l'Hercule? Il n'appartenait qu'à nous d'oser y prétendre, » *et nous l'avons tenté gauchement, il faut en convenir.* »

L'empereur disait que dans la nouvelle combinaison politique de l'Europe, le sort de cette partie du monde ne tenait plus qu'à la capacité, aux dispositions d'un seul homme. « Qu'il se trouve, disait-il, un em- » pereur de Russie vaillant, impétueux, capable, en un mot, un czar, qui » ait de la barbe au menton, et l'Europe est à lui. »

Page 265 :

« *Une de mes plus grandes pensées avait été l'agglomération, la concentra-* » *tion de mêmes peuples géographiques qu'ont dissous, morcelés les révolutions* » *et la politique.* »

Page 226 :

« ...C'est avec un tel cortége qu'il eût été beau de s'avancer dans la pos- » térité et *la bénédiction des siècles*. Je me sentais digne de cette gloire. » Après cette simplification sommaire, observait-il, il eût été plus possible » de se livrer à la chimère du beau idéal de la civilisation ; c'est dans cet » état des choses qu'on eût trouvé plus de chances d'amener partout l'unité » des codes, celle des principes, des opinions, des sentiments, des vues et » des intérêts. Alors peut-être, à la faveur des lumières universellement » répandues, devenait-il permis de rêver pour la grande famille euro- » péenne l'application du congrès américain ou celle des amphictyons de » la Grèce, et quelle perspective alors de force, de grandeur, de jouissance, » de prospérité ! quel grand et magnifique spectacle ! etc. »

Page 273 :

« Le premier souverain qui, au milieu de la première grande mêlée, » embrassera *de bonne foi la cause des peuples, se trouvera à la tête de* » *toute l'Europe, et pourra tenter tout ce qu'il voudra.* »

TOME VII, *page* 368 (*Opinion de l'Empereur sur la politique du lord Castlereagh*) :

« ...... Enfin, en violation des premiers éléments de la politique géné-
» rale, *il néglige*, dans sa situation toute-puissante, *de ressusciter l'in-*
» *dépendance de la Pologne, et par là livre Constantinople, expose toute*
» *l'Europe, et prépare mille embarras à l'Angleterre.* »

Les citations que je viens de faire prouvent suffisamment que jamais un génie comme Napoléon Ier n'a pu considérer une alliance entre la France et la Russie comme naturelle, parce qu'une alliance semblable est *impie*, contraire aux intérêts de la civilisation *et par cela même de la France*, et, comme l'a dit Napoléon lui-même, contraire au *bon sens*. L'alliance anglaise lui paraissait par contre bien préférable, et dans l'intérêt de tous. Il a répété deux fois dans sa conversation avec le colonel Wilks : « *Que de mal nous avons fait que de bien nous pouvions* » *faire!* » Si Napoléon Ier combattit l'Angleterre, ce fut pour ainsi dire tout à fait contre son gré et par suite de l'obstination du ministère anglais, qui repoussa constamment l'alliance qu'il lui proposait dans l'intérêt des peuples du continent européen et de la civilisation.

Les intérêts de l'Europe sont ceux du peuple français, et c'est sur le continent européen qu'il lui faut regagner cette prépondérance si nécessaire au progrès de l'humanité. La Russie est le principal obstacle qui s'oppose à cette prépondérance. Quant à l'Angleterre, elle ne peut lui faire ombrage que sur mer. Je ne conçois donc pas le raisonnement de ceux qui répètent toujours que la France, en combattant la Russie, ne fait que servir les intérêts des Anglais, tandis qu'il est évident qu'elle sert avant tout au maintien de l'équilibre européen. La France et l'Angleterre y ayant au reste toutes les deux les mêmes intérêts, elles se doivent une franche et loyale assistance.

L'alliance la plus naturelle pour la France comme pour l'Angleterre n'est point avec la Russie, mais avec la *Scandinavie, la*

Pologne et la Turquie. Le rétablissement de la Pologne dans ses anciennes limites, telle qu'elle était *avant* les partages, est donc d'*une nécessité absolue;* il faut aussi fortifier la Suède par l'annexion de la Finlande et du Danemarck (après la mort du roi actuel, qui n'a pas d'enfants), et réorganiser la Turquie aussi solidement que possible. La Suède, la Pologne et la Turquie se donnant les mains, formeront une forte barrière contre la Russie et contre l'irruption possible des autres peuples barbares de l'Asie. L'Allemagne, séparée ainsi de la Russie, cesserait d'être son alliée. Cette alliance artificielle n'est que le résultat de la peur. L'Allemagne, au lieu de servir d'avant-garde dans les invasions de l'Orient contre l'Occident, suivrait alors une politique occidentale qui lui serait beaucoup plus profitable et l'honorerait davantage.

Si la France, contrairement à sa mission, voulait ou était forcée de se lier avec la Russie pour combattre l'Angleterre, elle pourrait sans doute ruiner cette puissance et même l'Autriche; elle pourrait s'agrandir et obtenir pour quelque temps une prépondérance marquée sur l'Occident; mais ce serait un grand malheur pour la civilisation et la liberté du monde. Cette alliance tournerait, en définitive, uniquement au profit de la Russie et au détriment de la France elle-même. Au lieu de devenir l'arbitre des destinées du monde, *ce qu'elle ne peut espérer qu'en marchant à la tête du progrès*, la France deviendrait une seconde Russie, la Russie de l'Occident.

Or, comme cet état de choses contre nature ne pourrait durer longtemps, il s'ensuivrait de nouveau une guerre acharnée entre la Russie, bien plus puissante encore qu'aujourd'hui, et la France, abandonnée de l'Angleterre et des sympathies des peuples; et cette lutte finirait sans doute par une nouvelle défaite de la France. — Sa chute, effet naturel d'une politique égoïste, serait considérée comme la juste punition de l'abandon de la grande et sainte mission dont la Providence l'avait chargée.

Si, de son côté, l'Angleterre délaissait l'alliance de la France, pour s'unir avec la Russie; si elle se jouait des sympathies des peuples opprimés, elle ne tarderait pas à ressentir les effets de ce lâche abandon ; sa ruine serait bientôt complète, inévitable, et son aristocratie entendrait bientôt sonner sa dernière heure.

Qu'est-ce que la Grande-Bretagne a gagné en ne voulant pas seconder les larges vues de Napoléon Ier, et en employant, au contraire, toutes ses ressources pour le combattre ? Elle a contracté des dettes énormes qu'elle ne pourra jamais payer ; ces dettes pèsent sur le peuple d'une telle manière, que l'aristocratie anglaise pleurera peut-être un jour sa victoire de Waterloo, comme l'a si bien dit Napoléon. Malgré les dénégations des journaux anglais, ses possessions des Indes sont à la merci de la Russie, qui fait journellement des nouvelles acquisitions en Asie, et a déjà largement profité des événements survenus en Chine. La Russie se fortifie constamment dans cette partie du monde par de nouvelles alliances. Son commerce s'y élargit de plus en plus, et celui des Anglais diminue. L'Angleterre aurait donc dû toujours suivre envers la Russie la même politique que la France, et ne jamais consentir au démembrement de la Pologne, qu'elle aurait bien pu empêcher, parce que par là, comme le dit si bien Napoléon, tome VII, p. 368 du *Mémorial de Sainte-Hélène*, « elle a livré Constantinople à la Russie, elle a exposé » *toute l'Europe* et s'est préparé mille embarras. »

Si nous jetons les yeux sur le continent américain, nous y voyons un gouvernement républicain tout imbu des principes les plus matérialistes. Les Américains du Nord sont d'ailleurs tellement égoïstes, qu'ils tolèrent encore chez eux l'esclavage, et que plusieurs millions de noirs gémissent sous la tyrannique domination d'hommes qui osent parler de leur amour de la liberté et se parer du titre de chrétiens ! Ne sont-ce pas là les alliés naturels de la Russie qui souffre chez elle, malgré son orthodoxie, l'esclavage de plus de 40 millions de blancs, dont plus de 17 millions sont paysans de la couronne et appartiennent personnellement au czar.

La Russie, forte sur mer et sans égale en force numérique sur le continent ; possédant déjà un territoire de plus de

350 milles carrés géographiques et plus de 70 millions d'habitants, que de mal elle pourrait faire à l'Angleterre si elle s'unissait étroitement à l'Amérique qui déjà partage ses maximes égoïstes et antilibérales !

La Grande-Bretagne a donc le plus grand intérêt à maintenir l'alliance qui existe si heureusement entre elle et la France ; le salut des deux nations et de l'Europe est, il faut le dire, dans la continuation des mêmes sentiments de sympathique amitié, de bienveillance et d'appui mutuel ! Au reste, l'esprit public s'est heureusement développé en Angleterre ; le peuple anglais s'est enfin éveillé et voit si clairement les fautes commises anciennement par son égoïste aristocratie, que nous croyons l'alliance de la France et de l'Angleterre aujourd'hui indissoluble et nous le souhaitons pour le bonheur de l'humanité entière.

RÉSUMÉ ET CONCLUSION.

Celui qui n'évite pas les petites fautes tombera peu à peu dans les grandes. (ECCL., XIX, 1.)

J'ai tâché de prouver que la mission providentielle de la France dans la politique du monde est de marcher à la tête du progrès et de la civilisation. Mais si elle veut accomplir cette glorieuse destinée, elle doit s'interdire toute alliance intime avec la Russie, car celle-ci représente des principes tout à fait opposés : l'oppression, la barbarie et l'esclavage.

La France doit suivre une politique toute chrétienne, et c'est le devoir de l'Angleterre et de tous les pays chrétiens de la seconder.

Si la France et l'Angleterre avaient assisté la Pologne en 1831, la question d'Orient, moins compliquée alors qu'elle ne l'est devenue avec le temps, aurait eu une solution plus prompte et plus aisée, et c'est la meilleure réponse à ceux qui prétendent que la question polonaise ne touche en rien à la question d'Orient, quand, au contraire, elle est là tout entière, *et ce n'est que sur la Vistule qu'elle peut être vidée.*

En étudiant l'histoire de France, j'ai constaté un fait très remarquable, *c'est qu'aucun gouvernement ne peut y durer, s'il ne se pénètre pas de la mission providentielle de son pays.* La forme du gouvernement ne faisant absolument rien, parce que, comme le dit l'Écriture : « *la lettre tue, et c'est l'esprit qui vivifie,* » l'essentiel est donc que le gouvernement soit pénétré de la haute mission de la France et fasse les affaires de son pays *d'après les divines inspirations du christianisme.*

J'ai condamné dans la lutte actuelle toute espèce de neutralité, celle de la Scandinavie aussi bien que celle de l'Allemagne, car il est dit dans l'Écriture, *que l'on ne peut pas servir deux maîtres.* Il faut bien que les peuples prennent un parti et se déclarent pour ou contre. Malheur à ceux qui abandonneront la sainte bannière et passeront au camp de l'ennemi... leur punition sera grande mais méritée.

Je veux maintenant parler spécialement des propositions autrichiennes dont quatre points sont déjà acceptés par la Russie et le cinquième reste à définir. Je veux dire franchement mon opinion et celle de la Scandinavie sur cette question, la plus grave qui se soit présentée depuis les traités de 1815.

La nouvelle de l'acceptation pure et simple des propositions de l'Autriche par la Russie, a produit une grande sensation parmi les peuples de la Scandinavie, elle y a causé, surtout en Suède, une douloureuse impression.

Par le traité du 21 novembre dernier, la Suède et la Norwége ont brisé la chaîne qui les liait avec leur formidable voisine; elles se sont mises sous la protection des puissances occidentales. Or, la Russie n'oubliera jamais cette démarche et s'en vengera sans doute à la première occasion qui se présentera.

Les peuples suédois et norwégiens espéraient que ce traité du 21 novembre, qui n'est qu'une demi-mesure, devait aboutir bientôt à la participation active de toutes les forces de la Scandinavie à la guerre contre l'ennemi commun. La Suède, surtout, croyait pouvoir bientôt reprendre la Finlande, dont la perte lui a été si sensible; elle croyait que la reconstitution de la Pologne serait un des résultats inévitables de cette guerre, et que la Russie affaiblie par la perte des provinces usurpées et réduite à ses limites naturelles, cesserait d'être dangereuse et ne pourrait plus troubler la paix du monde.

Toutes ces espérances d'un heureux avenir se sont en partie dissipées à la lecture de la communication du comte Estérhazy, nouvelle essentiellement pacifique. Comme il est nécessaire de connaître l'opinion des peuples Scandinaves sur ce sujet, qu'il me soit permis de donner ici un extrait des principaux organes de la presse scandinave dont les plus importants sont à Copenhague, *Dagen* et *Fædrenelandet;* à Christiania, *Morgenbladet* et *Chris-*

tiania-Posten ; à Stockholm, *Aftonbladet*, et à Gothembourg, *Handels oy Shjofartstidning*.

Voilà la traduction fidèle des sentiments de la presse scandinave :

« L'expérience a prouvé suffisamment que la Russie est plus » dangereuse à l'Europe et au monde, par ses intrigues et la » finesse de sa diplomatie, que par ses armes. La liste des ba- » tailles perdues par la Russie est bien longue, mais on peut » difficilement trouver un traité de paix qui en définitive ne lui » ait pas été favorable. Voilà qu'elle accepté, contre toute at- » tente, purement et simplement, les propositions autrichiennes. » Cette acceptation amènera-t-elle la conclusion d'une paix *sûre* » *et durable?* Nous ne le croyons pas, bien que la Russie ait tout » à gagner par cette acceptation. Il est d'ailleurs de son intérêt » de prouver à l'Europe et à l'Allemagne en particulier qu'elle » est très pacifique. Elle tâchera de maintenir l'Autriche dans » son inactivité et de faire de la Prusse un allié dévoué. Elle » usera de tous ses moyens d'intrigue, de toutes les ruses et tout » l'art de sa diplomatie, pour détacher la France de l'Angle- » terre ou au moins d'affaiblir cette union qui lui est si dange- » reuse. Si la Sardaigne, blessée par l'oubli dans lequel on a » laissé ses intérêts, se détache de l'alliance, ce sera autant de » gagné pour la Russie. On parle même de la conclusion d'un » armistice et qu'il doit durer deux à trois mois. Dans ce cas-là, » la prochaine campagne de la Baltique, qui, conduite dans le » but du rétablissement de la Pologne, aurait été décisive, ne » pourra sans doute avoir lieu cette année-ci. La meilleure saison » pour combattre dans nos parages passera en pourparlers diplo- » matiques. Pour pouvoir insurger la Pologne il aurait même fallu » commencer maintenant l'organisation militaire de toute son » émigration.

» En tous cas, il faut que l'on se rappelle que la Russie traite » à Berlin et à Amsterdam d'un emprunt très considérable, qui » jusqu'à présent n'a pas eu de chance de réussite, mais qui » marche beaucoup mieux, au dire même des journaux anglais,

» depuis que les capitalistes croient à la conclusion de la paix. » Il est même quelques capitalistes anglais, avides de gain, qui » ont acheté clandestinement des titres pour cet emprunt, espé- » rant, dans le cas d'une paix générale, réaliser de grands béné- » fices.

» La Russie est-elle de bonne foi en acceptant ces propositions? » Nous ne le pensons pas, et c'est pour cela que nous ne croyons » pas non plus à une paix basée sur ces principes, à moins que » les puissances occidentales, lasses de la guerre, ne consentent » à une paix à tout prix, et, sans égard pour les sacrifices déjà » faits, ne donnent une interprétation large et favorable à la » Russie sur les quatre points acceptés, et, quant au cinquième, » ne renoncent à l'avantage d'ajouter les conditions nécessaires » à l'équilibre européen.

» Examinons maintenant chaque point en particulier.

» Le *premier* concerne les principautés du Danube. La Russie » doit être exclue du protectorat sur ces pays.

» Pour que ce point soit vraiment avantageux à l'Europe, il » fallait organiser ces principautés d'une telle manière, qu'une » armée russe d'invasion y rencontrerait quelque résistance. Il » fallait donc réunir les deux principautés sous un seul prince » dévoué aux intérêts de l'Occident; il fallait hérisser le pays » de forteresses, et organiser militairement la population, qui » doit être molle, très peu guerrière, et pas du tout homogène. » Nous aurions préféré, du reste, qu'on eût donné aux princi- » pautés la frontière de Dniester, en y joignant ainsi toute la » Bessarabie; la ligne indiquée partant de Chotyn ne nous pré- » sentant pas une ligne de défense bien marquée.

» *Le second point* garantit la libre navigation sur le Danube.

» Depuis que la Russie, par la rectification de ses frontières, » doit cesser d'être une puissance riveraine de ce grand fleuve, » c'est un point qui, par rapport à elle, a perdu toute son » importance politique; ce sont les gouvernements de l'Autriche

» et des Principautés qui devraient s'obliger à faciliter le com» merce du monde dans ces parages par des arrangements con» venables.

» *Le troisième point* concerne la neutralisation de la mer » Noire, et il obligerait aussi la Russie à désarmer tous ses ports » militaires situés sur les côtes de cette mer. La portée de ce » point serait grande, et aurait une haute importance, si l'on » pouvait le déterminer d'une manière assez claire et précise, » pour qu'il ne laissât prise à aucune fausse interprétation. » Mais on ne sait rien de positif à cet égard ; on ne sait si Niko» lajef, Cherson et autres villes et ports sur le Bug, le Dnieper, » la mer d'Azow, etc., sont compris dans cette clause.

» Et cependant à quoi devrait servir la prise de Sébastopol et » l'anéantissement de la flotte russe de la mer Noire, si la Russie » pouvait se fortifier et bâtir des vaisseaux à Nikolajef, ou sur » tout autre point du territoire riverain ; s'il lui était permis de » tenir des bateaux armés pour (à ce qu'elle prétend) empêcher » la traite des esclaves sur les côtes de la Tscherkassie ; si elle » pouvait, comme auparavant, hérisser toute la côte orientale » de cette mer d'une quantité de petites forteresses pour tenir » les montagnards sous sa dépendance ?

» Ce troisième point sera inexécutable avec une puissance qui » n'a jamais été de bonne foi, et que l'on aura laissée dans sa » force primitive.

» On doit se rappeler que, dans les temps anciens, les cosa» ques, habitants les rivages de la mer Noire et ceux de la mer » d'Azow, ainsi que des fleuves, le Don, le Dnieper, le Bug, etc., » ont fait des expéditions par mer à Constantinople dans un but » de vol et de pillage, sur de petites et frêles embarcations. Qui » pourrait donc empêcher la Russie d'envahir Constantinople de » ce côté ou du côté de l'Asie, en y débarquant une grande » armée montée sur des bateaux à vapeurs et des vaisseaux de » petites dimensions, construits à Nikolajef et dans d'autres » arsenaux non compris dans la destruction?

» Aussi longtemps qu'on laissera la Russie forte comme » elle l'est actuellement, aucun traité ne lui empêchera de poursuivre ses plans d'envahissement, et l'occasion pourra même » se présenter plus tôt qu'on ne le pense.

» Quand l'empereur Nicolas a dernièrement envahi les principautés, était-il autorisé par les traités ?

» En envahissant la Pologne et la Finlande, la Russie avait» elle pour elle quelque droit ? Chaque page de son histoire con» tient des faits semblables, qui nous autorisent à ne pas avoir » la moindre confiance dans les traités qu'elle signe.

» Si la Russie restreint ses dépenses pour sa flotte de la mer » Noire, elle pourra dépenser d'autant plus pour ses flottes de » la mer Blanche et de la mer Baltique; *et c'est contre nous,* » *Scandinaves*, qu'elle peut les employer maintenant : déjà elle » construit plusieurs vaisseaux à hélice dans les ports d'Archan» gel et de Cronstadt.

» Nous avons lu dans les journaux anglais dans le temps que » l'Angleterre ne voulait pas affaiblir la Russie par la reconstitu» tion de la Pologne, mais se contenter de mener une guerre » restreinte et maritime. Mais croit-elle que la Russie, si on lui » laisse toutes les ressources qu'elle trouve dans ses vastes » possessions territoriales, ne pourra pas facilement construire » chez elle ou se faire construire par les Américains, et les » Anglais même, autant de vaisseaux qu'elle voudra ? L'Angle» terre peut-elle, si elle adopte une politique égoïste et à courte » vue, compter sur l'assistance sincère et énergique de la France?

» La France, nous en sommes convaincus, serait très disposée » à réunir sous un seul sceptre la Scandinavie, et la fortifier par » l'acquisition de la Finlande ; et elle serait disposée de plus à » reconstituer la Pologne, si l'Angleterre voulait franchement et » énergiquement y contribuer. Au reste, la France peut plus » facilement se passer de l'Angleterre que l'Angleterre de la » France, qui, si elle (la France) voulait se placer à la tête des » peuples, pourrait tenter tout et vaincre tous les obstacles. » Nous espérons cependant que l'alliance de la France et de

» l'Angleterre sera durable. Nous sommes convaincus que, si » même le ministère et l'aristocratie anglaise voulaient, à l'exem- » ple de lord Aberdeen, combattre la Russie d'une main et la » cajoler de l'autre, le peuple anglais ne souffrirait jamais une » pareille trahison, et soutiendrait la France dans sa politique » européenne et continentale.

» Il faut, du reste, rendre cette justice au peuple anglais, qu'il » est très tenace, stable et sincère dans ses sympathies et ses » sentiments. La France peut donc compter sur l'alliance anglaise » d'une manière bien plus sûre que sur des traités signés par les » czars de la Russie.

» Le *quatrième point* concerne l'émancipation des chrétiens » de la Turquie. La Russie renonce au protectorat exclusif de » ses coréligionnaires. — Pour que la Turquie ne soit pas trop » facilement conquise par la Russie, il faut, avant tout, éclairer » sa population sur ses vrais intérêts, et annuler l'influence » russe qui y est encore toute-puissante. Un moyen radical, pour » arriver à ce résultat, serait certainement la reconstitution de » la Pologne qui, comme puissance slave, avec son influence civi- » lisatrice et tout occidentale, serait le mieux en état de contre- » balancer l'influence russe parmi ses frères slaves de la » Turquie.

» En attendant, comme il paraît que l'on veut se contenter des » palliatifs, il nous semble que, pour éviter les catastrophes, il » ne faut pas abandonner la Turquie à elle-même. Si les armées » occidentales quittent la Turquie, on verra, plus tard, dans » une époque propice aux intérêts de la Russie, éclater deux » révolutions, une parmi les Grecs, en Thessalie, l'autre parmi » les Turcs, en Roumélie, qui seront sans doute mécontents des » priviléges accordés aux chrétiens. Il nous semble donc néces- » saire, si l'on ne veut pas relever la Pologne, de laisser en Tur- » quie, plusieurs années encore, une armée d'occupation suffi- » sante pour protéger Constantinople et l'empire turc, qui, sans » cela, pourra un beau jour devenir la proie de la Russie; —

» et que l'on se rappelle les mots de Napoléon Ier à Sainte-Hélène :
» *La possession de Constantinople c'est l'empire du monde.* »

Voici le court résumé des remarques qu'ont faites quelques-uns des journaux de la Scandinavie, à l'occasion des nouvelles pacifiques arrivées de Vienne, et l'on peut voir par cela que la Scandinavie, après la Sardaigne, est le pays qui voudrait imposer à la Russie les plus dures conditions. L'*Aftonbladet*, journal du soir, qui paraît à Stockholm et a en Suède un grand nombre de lecteurs, se distingue surtout par ses opinions franchement anti-russes. C'est le même journal qui, lors du séjour du général Canrobert à Stockholm, a montré la plus grande sympathie pour la France et pour l'empereur Napoléon III, et voulait, dès le commencement de la lutte orientale, que nous suivissions l'exemple de la Sardaigne.

A la première nouvelle de l'acceptation par la Russie des propositions autrichiennes, il s'est exprimé de la manière suivante (voy. *Aftonbladet* du 21 janvier dernier) :

« Nous supposons et nous espérons que la paix ne sera pas » conclue sur des bases aussi avantageuses pour la Russie ; une » paix semblable serait, en définitive, un grand malheur pour » l'Europe, et surtout pour les trois royaumes scandinaves. Une » paix qui laisserait à la Russie des forces suffisantes pour qu'elle » pût reprendre sa politique séculaire, n'est pas désirable » (d'après notre avis), et serait rompue à la première occasion » qui se présenterait. Une paix durable peut être uniquement » fondée sur l'épuisement complet et la diminution très sen- » sible des forces agressives de ce colosse qui est un danger per- » manent pour l'indépendance des peuples. On a tant parlé de » cette guerre, comme d'une guerre européenne commencée dans » l'intérêt de la civilisation et de l'équilibre européen, on a » dépensé tant de sang et de millions, que si l'on se contentait » des quatre points connus, sans vouloir donner au cinquième » une très large extension, les résultats ne répondraient pas alors » aux efforts gigantesques que l'on a faits.

» Mais nous croyons que l'on peut appliquer ici l'exemple pris

» de l'antiquité classique. Quand les Spartiates priaient l'Athé-
» nien Philokrates de leur dire quelles étaient les garanties
» qu'il exigeait d'eux pour l'accomplissement d'un traité qu'eux-
» mêmes lui avaient proposé, il répondit aux envoyés de la ville
» rivale..... Garanties !!! à mes yeux il n'en existe qu'une seule
» — unique — celle que j'aurai quand je vous verrai affaiblis et
» épuisés à tel point que je serai sûr que vous serez tout à fait
» hors d'état de me nuire; autrement vous le ferez aussitôt que
» vous le pourrez, malgré toutes les garanties, j'en suis profon-
» dément convaincu. »

Si mes lecteurs désirent savoir quelle est la paix que nous autres Scandinaves voudrions voir conclue et signée à la réunion de Paris, à laquelle il serait agréable pour nous de voir figurer aussi le représentant de la Suède et de la Norwége, M. le baron de Manderstrom... en voilà les clauses principales.

1. Le roi de Danemarck, qui, comme on le sait, n'a pas d'héritiers directs, s'engage à nommer, pour son successeur au trône, Charles, prince royal de Suède, de sorte qu'après sa mort, la réunion tant désirée par nous de ces trois sœurs scandinaves, soit un fait accompli, ce qui impliquerait l'annulation des arrangements précédents si favorables à la politique russe.

2. La Russie s'oblige à rendre la Finlande à la Suède, ainsi que les îles d'Aland qu'elle lui a arrachées, comme on le sait, par la violence et la trahison.

Les Finlandais, s'ils le préfèrent, seraient réunis à la Suède, tout à fait de la même manière que l'est actuellement la Norwége, c'est-à-dire qu'elle aurait sa constitution et son gouvernement représentatif à part.

3. Le royaume de Pologne serait reconstitué dans ses anciennes limites. La Russie céderait par conséquent au nouveau royaume de Pologne tout le territoire situé entre la mer Baltique et la mer Noire, et limité à l'est par les fleuves Dniéper et Düine, car il est d'une importance majeure pour l'Europe, de former de la Pologne une forte barrière.

La Prusse serait aussi obligée de céder le duché de Posen, et surtout, ce qui serait pour la Pologne de la plus grande importance, la Poméranie polonaise et Dantzig sa capitale. La Prusse pourrait recevoir en compensation le royaume de Saxe, le duché de Mecklembourg, et même s'il le fallait, le duché de Holstein. Ce duché, faisant en réalité partie de l'Allemagne, appartient à l'Allemagne par ses sympathies. Quant aux Danois, s'ils peuvent être assurés de leur réunion à la Suède et à la Norwége, ils renonceront sans beaucoup de difficultés à garder le Holstein.

La Prusse, dont la forme géographique est vraiment monstrueuse, s'arrondirait, deviendrait plus compacte; ce serait un grand pas vers l'unité de l'Allemagne.

L'Autriche recevrait en échange de la Gallicie et de la Lombardie qu'on réunirait à la Sardaigne, les Principautés danubiennes, qui sont pour elle d'une grande importance géographique, toute la Bessarabie jusqu'au Dniester et la principauté allemande de Lichtenstein.

4. La Russie céderait encore à la Turquie toutes les provinces transcaucasiennes en Asie, mais la Tschercassie proprement dite resterait indépendante et libre sous la tutelle de la Turquie; il nous semble que c'est Schamyl qui aurait alors le plus de droits à la souveraineté du territoire qu'il a su si bien défendre.

5. On donnerait la Belgique à la France en récompense des grands services rendus à l'indépendance des peuples, car cette partie lui appartient déjà par sa langue et sa position géographique.

6. L'Angleterre gagnerait d'abord à cet arrangement de ne pas être constamment menacée pour ses possessions asiatiques, et ensuite elle serait assurée que la Russie, comme puissance maritime, resterait toujours au second rang. Cependant comme ses services sont d'une grande importance, on lui concéderait toutes les possessions américaines de la Russie, et de plus l'île de Candie, la Turquie recevant d'amples compensations en Asie.

Quant aux frais de la guerre, ils devraient être répartis sur tous les pays de l'Europe, proportionnellement à leur population et leurs ressources. Tous ayant également profité des avantages d'un pareil arrangement, ils contribueraient donc tous avec plaisir aux charges que la guerre impose.

La liberté des fleuves, celle des détroits et la question du désarmement universel devraient aussi être les objets de l'attention particulière de l'assemblée.

Il nous semble qu'il ne peut être sérieusement question du désarmement universel qu'après l'anéantissement de la prépondérance russe, après le rétablissement de l'équilibre européen, et enfin après avoir paré au danger d'être envahi par des masses innombrables de Cosaques, de Kirgiz, de Basskjers, de Toungouses et autres peuplades barbares, dociles et fidèles instruments du czar. Nous avons lieu d'être surpris qu'un homme aussi sensé, un publiciste aussi distingué que M. Émile de Girardin puisse parler de la destruction de Gibraltar et du désarmement universel aussi longtemps que le danger que nous venons de signaler existera.

Si la Russie ne voulait pas accepter ces conditions, toutes les autres puissances devraient s'obliger à l'y contraindre par la force des armes ; toute résistance serait alors impossible et de courte durée.

Une paix basée sur des conditions semblables serait, j'en suis intimement convaincu, longue et durable, parce que l'on fermerait ainsi la source même des révolutions et des commotions politiques; parce que l'on pourrait satisfaire ainsi les justes prétentions des peuples en souffrance.

Ces projets ne sont nullement chimériques et pas du tout révolutionnaires, car ils sont fondés sur la justice et sur l'intérêt général.

Les puissances allemandes accepteraient même ces arrangements avec plaisir, car les nationalités polonaise et italienne ne sont dans l'état actuel des choses, que des éléments de faiblesse et de désordre, portant en tous lieux le trouble et le mécontentement dont leur pays est le foyer naturel.

L'Autriche s'ouvrirait ainsi des débouchés énormes en Orient, et son ambition aurait de ce côté plus de chance que du côté occidental. La Bessarabie, ainsi que les provinces Danubiennes, sont d'une fertilité sans égale et par leur sol et leur étendue capables de nourrir une population quadruple de celle qui les habite actuellement. L'Autriche n'aurait d'ailleurs plus à redouter le voisinage de la Russie, la Pologne, pays essentiellement catholique, sympathiserait d'autant mieux avec elle, qu'elle s'en rapproche par sa civilisation purement occidentale, par ses mœurs douces et ses usages empreints d'une générosité chevaleresque et toute chrétienne. Ajoutons que l'Autriche pourrait se livrer en toute sécurité au développement de son industrie, et que son commerce ne tarderait pas à prendre une grande extension, puisqu'on aurait mis fin aux efforts d'une propagande orthodoxe et panslaviste, cause incessante d'inquiétude et de désorganisation.

Fidèles à nos convictions, nous désirons que pleine et entière justice soit faite à tous les peuples sans exception ; c'est pour cela que l'Autriche ne devrait jamais oublier que la grande majorité de ses sujets est formée de Hongrois, de Slaves et de Roumains. Elle devrait donc s'obliger solennellement à respecter leur nationalité et leur accorder une représentation particulière. — L'attachement sincère de ses peuples en serait le résultat naturel et ferait la force et la prospérité du gouvernement autrichien.

Disons, en terminant ces considérations, que si la Prusse entendait ses vrais intérêts, si elle n'était pas tout à fait indifférente au repos de l'Europe, à la prospérité et au bonheur des peuples, elle se joindrait de tout cœur aux efforts des puissances occidentales. Elle comprendrait d'ailleurs qu'elle a tout à gagner par son acquiescement, tandis qu'en persistant dans sa fausse neutralité, elle pourrait se trouver obligée non-seulement de rendre ce qu'on lui demandait en lui accordant une large compensation, mais encore bien davantage, car elle pourrait perdre même la Silésie et les provinces rhénanes.

Ne serait-ce pas un sublime spectacle donné au monde que d'arriver par un congrès tout pacifique, une entente cordiale et toute chrétienne à une union intime entre les peuples et les rois ? Que de commotions, que de révolutions évitées par ce moyen si simple et si logique !... La pensée dominante de Napoléon Ier serait alors accomplie, pensée qu'il traduisait par ces mots pleins de grandeur prononcés à Sainte-Hélène :

« *La sainte alliance est une idée qu'on m'a volée, c'est-à-dire* » *la sainte alliance des peuples par les rois, et non celle des rois* » *contre les peuples.* »

V.

Paris, le 23 février 1856.

www.ingramcontent.com/pod-product-compliance
Ingram Content Group UK Ltd.
Pitfield, Milton Keynes, MK11 3LW, UK
UKHW012122240726
13965UKWH00005B/1919